Sebastian A. Götz

Bestattungsgesetz Berlin

Gesetzesstand: 14. Februar 2024

Bestattungsgesetz Berlin

Gesetzesstand: 14. Februar 2024

Bibliografische Information der Deutschen Nationalbibliothek: Die Deutsche Nationalbibliothek verzeichnet diese Publikation in der Deutschen Nationalbibliografie; detaillierte bibliografische Daten sind im Internet über http://dnb.dnb.de abrufbar.

Verlag: BoD · Books on Demand GmbH, Überseering 33, 22297 Hamburg, bod@bod.de

Druck: Libri Plureos GmbH, Friedensallee 273, 22763 Hamburg

ISBN: 978-3-7693-0091-8

Inhaltsverzeichnis

I

Fünfter Abschnitt – Schlussvorschriften _____ 14

Persönliche Notizen _____ 19

ERSTER ABSCHNITT - ANWENDUNGSBEREICH

§ 1 – Leichen

(1) Leiche im Sinne dieses Gesetzes ist der Körper eines Menschen, bei dem sichere Zeichen des Todes bestehen oder bei dem der Tod auf andere Weise zuverlässig festgestellt worden ist. Leblose Teile eines menschlichen Körpers gelten dann als einer Leiche zugehörig, wenn ohne sie ein Weiterleben des Individuums unmöglich wäre. Als Leiche gilt auch der Körper eines Neugeborenen, bei dem nach vollständigem Verlassen des Mutterleibes

1. entweder das Herz geschlagen oder die Nabelschnur pulsiert oder die natürliche Lungenatmung eingesetzt hat und das danach verstorben ist oder
2. keines der unter Nummer 1 genannten Lebenszeichen festzustellen war, das Geburtsgewicht jedoch mindestens 500 Gramm betrug (Totgeborenes).

(2) Der Körper eines Neugeborenen mit einem Gewicht unter 500 Gramm, bei dem nach vollständigem Verlassen des Mutterleibes keines der in Absatz 1 Satz 3 Nr. 1 genannten Lebenszeichen festzustellen war (Fehlgeborenes), gilt nicht als Leiche im Sinne dieses Gesetzes.

§ 2 – Ehrfurcht vor Toten

Wer mit Leichen umgeht, hat dabei die gebotene Ehrfurcht vor dem toten Menschen zu wahren.

ZWEITER ABSCHNITT - LEICHENSCHAU

§ 3 – Leichenschaupflicht

(1) Jede Leiche ist zur Feststellung des Todes, des Todeszeitpunktes, der Todesart und der Todesursache von einer Ärztin oder einem Arzt zu untersuchen (Leichenschau).

(2) Jede niedergelassene Ärztin und jeder niedergelassene Arzt ist verpflichtet, die Leichenschau auf Verlangen vorzunehmen, sofern sie oder er nicht aus wichtigem Grund daran gehindert ist. Bei Sterbefällen in Krankenhäusern trifft diese Verpflichtung die dort tätigen Ärztinnen und Ärzte.

(3) Eine in der Notfallrettung tätige Ärztin oder ein in der Notfallrettung tätiger Arzt kann sich auf die Feststellung des Todes, des Todeszeitpunktes und der äußeren Umstände beschränken, wenn sie oder er durch die Durchführung der Leichenschau an der Wahrnehmung der Aufgaben in der Notfallrettung gehindert wird. Die Ärztin oder der Arzt hat unverzüglich eine vorläufige Todesbescheinigung auszustellen.

(4) Eine Leichenschau darf nicht durchgeführt werden von Ärztinnen und Ärzten, denen ein Zeugnisverweigerungsrecht nach § 52 Abs. 1 der Strafprozessordnung zusteht.

§ 4 – Veranlassung der Leichenschau

(1) Bei einem Sterbefall haben die Leichenschau unverzüglich zu veranlassen:

1. die Ehegattin oder der Ehegatte oder die Lebenspartnerin oder der Lebenspartner,
2. die volljährigen Kinder,
3. die Eltern,

4. andere Verwandte,
5. Personen, mit denen die verstorbene Person in häuslicher Gemeinschaft gelebt hat,
6. Personen, in deren Räumen oder auf deren Grundstück sich der Sterbefall ereignet hat,
7. jede Person, die bei dem Tod zugegen war oder durch eigene Feststellungen davon Kenntnis erlangt hat.

(2) Bei einer Totgeburt haben die Leichenschau unverzüglich zu veranlassen:

1. der eheliche Vater,
2. die Hebamme, die bei der Geburt zugegen war,
3. die Ärztin oder der Arzt, die oder der bei der Geburt zugegen war,
4. jede Person, die bei der Geburt zugegen war oder durch eigene Feststellungen von der Geburt Kenntnis erlangt hat.

(3) Eine Verpflichtung, die Leichenschau zu veranlassen, besteht nur, wenn die in der Reihenfolge früher genannten Personen nicht vorhanden oder aus wichtigem Grund verhindert sind.

(4) Bei Sterbefällen und Totgeburten in den nachstehend aufgeführten Einrichtungen sind vor den in den Absätzen 1 und 2 genannten Personen verpflichtet, die Leichenschau zu veranlassen:

1. in Krankenhäusern die ärztliche Leitung, bei mehreren selbstständigen Abteilungen die ärztliche Abteilungsleitung,
2. in sonstigen Anstalten und Heimen aller Art deren Leitung.

§ 5 – Leichen von unbekannten Personen

Wer bei dem Tode einer unbekannten Person zugegen ist oder die Leiche einer unbekannten Person findet, hat hiervon unverzüglich die Polizei zu benachrichtigen. Die Leichenschau wird in diesen Fällen von der Polizei veranlasst.

§ 6 – Vornahme der Leichenschau

(1) Die Ärztin oder der Arzt hat die Leichenschau grundsätzlich innerhalb von zwölf Stunden nach der Aufforderung hierzu vorzunehmen und über die getroffenen Feststellungen unter Verwendung des amtlichen Vordrucks unverzüglich einen Leichenschauschein auszustellen.

(2) Ergeben sich bei der Leichenschau Anhaltspunkte dafür, dass die verstorbene Person eines nicht natürlichen Todes gestorben oder die Todesart ungewiss ist, so beendet die Ärztin oder der Arzt die Leichenschau mit dieser Feststellung und benachrichtigt unverzüglich die Polizei.

§ 7 – Auskunftspflicht

(1) Ärztinnen und Ärzte, Zahnärztinnen und Zahnärzte und Heilpraktikerinnen und Heilpraktiker, die die verstorbene Person vor deren Tode behandelt haben, sind verpflichtet, der Ärztin oder dem Arzt, die oder der die Leichenschau vornimmt, auf Verlangen über den von ihnen festgestellten Krankheitszustand Auskunft zu geben.

(2) Die in Absatz 1 genannten Ärztinnen und Ärzte, Zahnärztinnen und Zahnärzte und Heilpraktikerinnen und Heilpraktiker sind berechtigt, die Auskünfte auch gegenüber der Polizei zu geben.

§ 8 – Kosten der Leichenschau

Die Kosten der Leichenschau und der Ausstellung des Leichenschauscheins hat, soweit nicht eine andere Person dazu verpflichtet ist, diejenige Person zu tragen, die für die Kosten der Bestattung aufzukommen hat.

DRITTER ABSCHNITT – BEHANDLUNG UND BEFÖRDERUNG VON LEICHEN

§ 9 – Überführung in Leichenhallen

(1) Jede Leiche ist innerhalb von 36 Stunden in eine Leichenhalle zu überführen, sofern sie nicht innerhalb dieser Frist bestattet oder an einen Ort außerhalb Berlins befördert wird.

(2) Leichenhallen im Sinne des Absatzes 1 sind die von dem Bezirksamt als geeignet anerkannten Leichenaufbewahrungsräume der Krankenhäuser, der Friedhöfe, der Krematorien, der anatomischen Institute, der gewerblichen Bestattungsunternehmen und der Polizei.

(3) Für die Verpflichtung, die Leiche in eine Leichenhalle überführen zu lassen, gilt § 16 entsprechend.

§ 10 – Einsargung

Leichen sind spätestens vor der Beförderung zu dem Bestattungsort einzusargen und in einem Sarg zu bestatten. Nicht eingesargte Leichen sind bedeckt zu transportieren.

§ 10a – Rituelle Waschungen von Leichen

Rituelle Waschungen von Leichen dürfen nur in den vom Bezirksamt hierfür als geeignet anerkannten Räumen in Leichenhallen oder religiösen Einrichtungen unter Einhaltung geeigneter hygienischer Schutzmaßnahmen durchgeführt werden.

§ 11 – Leichenpass

(1) Die Beförderung einer Leiche aus dem Geltungsbereich dieses Gesetzes an einen Ort außerhalb der Bundesrepublik Deutschland ist

nur mit einem Leichenpass zulässig. Die zuständige Behörde stellt den Leichenpass auf Antrag aus. Sie ist berechtigt, die für die Ausstellung des Leichenpasses erforderlichen Nachweise zu verlangen sowie eigene Ermittlungen anzustellen und Auskünfte einzuholen.

(2) Leichen dürfen von einem Ort außerhalb der Bundesrepublik Deutschland nur in das Land Berlin befördert werden, wenn aus einem Leichenpass oder einer amtlichen Bescheinigung hervorgeht, ob die verstorbene Person zum Zeitpunkt des Todes an einer übertragbaren Krankheit gelitten hat und dass gesundheitliche Bedenken gegen die Beförderung nicht bestehen.

§ 12 – Leichenwagen

Leichen dürfen auf Straßen nur mit Fahrzeugen befördert werden, die zur Leichenbeförderung eingerichtet sind und ausschließlich zu diesem Zweck benutzt werden. Dies gilt nicht für die Bergung von Leichen und die Beförderung tödlich Verunglückter von der Unfallstelle.

§ 13 – Aufbahrung von Leichen

Leichen können vor der Bestattung im geschlossenen Sarg an einem Ort aufgebahrt werden, den das Bezirksamt allgemein oder für den Einzelfall als für die Aufbahrung geeignet anerkannt hat. Die Aufbahrung ist auch über den in § 9 Abs. 1 genannten Zeitraum hinaus zulässig.

§ 14 – Öffentliches Ausstellen von Leichen

(1) Leichen dürfen nicht öffentlich ausgestellt werden. Das Öffnen oder Offenlassen des Sarges während der Bestattungsfeierlichkeiten ist verboten.

(2) Das Bezirksamt kann Ausnahmen von den Verboten des Absatzes 1 zulassen.

VIERTER ABSCHNITT – BESTATTUNG

§ 15 – Bestattungspflicht

(1) Jede Leiche muss bestattet werden.

(2) Absatz 1 gilt nicht für Totgeborene mit einem Gewicht von unter 1 000 Gramm. Diese Totgeborenen, Fehlgeborene sowie Embryonen und Föten aus Schwangerschaftsabbrüchen sind auf Wunsch eines Elternteils zu bestatten. Ist die Geburt oder der Schwangerschaftsabbruch in einer Einrichtung erfolgt, hat die Leitung der Einrichtung sicherzustellen, dass die Angehörigen auf diese Bestattungsmöglichkeit hingewiesen werden.

(3) Werden Totgeborene mit einem Gewicht von unter 1 000 Gramm, Fehlgeborene sowie Embryonen und Föten aus Schwangerschaftsabbrüchen nicht bestattet, sind sie von der Einrichtung, in der die Geburt erfolgt ist, oder durch die Inhaberin oder den Inhaber des Gewahrsams hygienisch einwandfrei und dem sittlichen Empfinden entsprechend zu beseitigen, sofern sie nicht zu wissenschaftlichen Zwecken verwendet werden. Satz 1 gilt auch für die Beseitigung von Körperteilen.

§ 16 – Bestattungspflichtige Personen

(1) Für die Bestattung der Leiche haben zu sorgen:

1. die Ehegattin oder der Ehegatte oder die Lebenspartnerin oder der Lebenspartner,
2. die volljährigen Kinder,
3. die Eltern,

4. die volljährigen Geschwister,
5. die volljährigen Enkelkinder,
6. die Großeltern.

(2) Eine Verpflichtung, für die Bestattung zu sorgen, besteht nur, wenn die in der Reihenfolge früher genannten Angehörigen nicht vorhanden oder aus wichtigem Grund gehindert sind, für die Bestattung zu sorgen.

(3) Sind Bestattungspflichtige im Sinne des Absatzes 1 nicht vorhanden oder nicht zu ermitteln oder kommen sie ihrer Pflicht nicht oder nicht rechtzeitig nach und veranlasst keine andere Person die Bestattung, hat das örtlich zuständige Bezirksamt auf Kosten der bestattungspflichtigen Person für die Bestattung zu sorgen.

(4) Eine auf Gesetz oder Rechtsgeschäft beruhende Verpflichtung, die Kosten der Bestattung zu tragen, wird durch diese Vorschrift nicht berührt.

§ 17 – Bestattungsarten

Die Bestattung kann durch Beisetzung der Leiche in der Erde (Erdbestattung) oder durch Einäscherung der Leiche mit anschließender Beisetzung der Asche der verstorbenen Person (Feuerbestattung) vorgenommen werden. Satz 1 gilt entsprechend bei der Bestattung von Totgeborenen mit einem Gewicht von unter 1 000 Gramm, Fehlgeborenen sowie Embryonen und Föten aus Schwangerschaftsabbrüchen im Sinne von § 15 Abs. 2.

§ 18 – Bestattungsort

(1) Erdbestattungen dürfen nur auf öffentlichen (landeseigenen und nichtlandeseigenen) Friedhöfen vorgenommen werden. Die zuständige Behörde kann Ausnahmen zulassen.

(2) Abweichend von der Pflicht nach § 10 Satz 1, in einem Sarg zu bestatten, können Leichen aus religiösen Gründen auf vom Friedhofsträger bestimmten Grabfeldern in einem Leichentuch ohne Sarg erdbestattet werden. Die Leiche ist auf dem Friedhof bis zur Grabstätte in einem geeigneten Sarg zu transportieren.

(3) Bei Feuerbestattungen dürfen Einäscherungen in den Krematorien des Landes Berlin vorgenommen werden. Für die Beisetzung von Aschen verstorbener Personen gilt Absatz 1 entsprechend. Die Ausführung der Aschen verstorbener Personen aus dem Geltungsbereich dieses Gesetzes zur Beisetzung auf See nach Maßgabe des am Ort der Bestattung geltenden Rechts ist zulässig; die Pflicht zur Beisetzung auf einem Friedhof gilt insofern nicht.

(4) Die für die Errichtung und den Betrieb von Krematorien zuständige Senatsverwaltung kann mit Zustimmung der Senatsverwaltung für Finanzen und im Einvernehmen mit der Senatsverwaltung für Inneres die Errichtung und den Betrieb einzelner Feuerbestattungsanlagen widerruflich einem privaten Rechtsträger übertragen.

§ 19 – Zulässigkeit der Bestattung

(1) Eine in Berlin verstorbene Person darf erst bestattet werden, wenn ein Bestattungsschein erteilt worden ist. Bei Totgeborenen gemäß § 1 Abs. 1 Satz 3 Nummer 2 ist anstelle einer Bescheinigung mit dem Vermerk der Eintragung in das Sterbebuch eine Bescheinigung mit dem Vermerk der Eintragung in das Geburtenbuch vorzulegen. Das zuständige Bezirksamt stellt den Bestattungsschein nach Vorlage des nicht vertraulichen Teils des Leichenschauscheins auch bei unvollständigen Angaben im Leichenschauschein aus, wenn die Identität der verstorbenen Person zweifelsfrei feststeht.

(2) Handelt es sich um die Leiche einer unbekannten Person oder sind Anhaltspunkte dafür vorhanden, dass jemand eines nicht natürlichen Todes gestorben ist, so darf der Bestattungsschein erst erteilt

werden, wenn die Staatsanwaltschaft die Bestattung schriftlich genehmigt hat (§ 159 Abs. 2 der Strafprozessordnung).

(3) Die den vertraulichen Teil des Leichenschauscheins verwahrende Behörde ist berechtigt, der Polizei auf Anfrage oder von Amts wegen die Auskünfte aus dem Leichenschauschein zu geben, die für den Vollzug des § 159 der Strafprozessordnung und des § 1559 der Reichsversicherungsordnung erforderlich sind. Dies gilt nicht für Angaben, die im Leichenschauschein nur zur Durchführung des Gesetzes über die Statistik der Bevölkerungsbewegung und die Fortschreibung des Bevölkerungsstandes eingetragen sind.

§ 20 – Besondere Voraussetzungen der Feuerbestattung, zweite Leichenschau

(1) Leichen, die gemäß § 15 Abs. 1 bestattet werden müssen, dürfen nur eingeäschert werden, wenn durch eine Ärztin oder einen Arzt des Landesinstituts für gerichtliche und soziale Medizin Berlin nach Durchführung einer zweiten Leichenschau festgestellt worden ist, dass die verstorbene Person eines natürlichen Todes gestorben ist, oder die Staatsanwaltschaft die Bestattung schriftlich genehmigt hat (§ 159 Abs. 2 der Strafprozessordnung). Die zweite Leichenschau erfolgt im Regelfall in dem die Einäscherung vornehmenden Krematorium. § 6 Abs. 2 und § 7 gelten entsprechend.

(2) Für die Verbringung einer gemäß § 15 Abs. 1 zu bestattenden Leiche zum Zwecke der Einäscherung außerhalb des Landes Berlin gilt Absatz 1 Satz 1 entsprechend, wenn die Person in Berlin verstorben ist. Die zweite Leichenschau erfolgt in den Fällen des Satzes 1 in einem Berliner Krematorium oder im Landesinstitut für gerichtliche und soziale Medizin Berlin. Die Sätze 1 und 2 finden keine Anwendung in den Fällen, in denen die Einäscherung im übrigen Bundesgebiet erfolgen soll, sofern die am vorgesehenen Einäscherungsort geltenden Rechtsvorschriften eine dem Absatz 1 vergleichbare zweite

Leichenschau als besondere Voraussetzung für die Einäscherung vorschreiben.

§ 21 – Zeitpunkt der Bestattung

(1) Die zuständige Behörde kann auf Grund des Infektionsschutzgesetzes vom 20. Juli 2000 (BGBl. I S. 1045), das zuletzt durch Artikel 8v des Gesetzes vom 12. Dezember 2023 (BGBl. 2023 I Nr. 359) geändert worden ist, in der jeweils geltenden Fassung eine Frist für die Bestattung anordnen.

(2) Die Aschen verstorbener Personen sind innerhalb von sechs Monaten nach der Einäscherung beizusetzen.

§ 22 – Bestattungsunterlagen

(1) Die für die Bestattungen auf öffentlichen Friedhöfen und für Einäscherungen in Krematorien Verantwortlichen dürfen Bestattungen und Einäscherungen nur zulassen, wenn ihnen die nach § 11 Abs. 2 und § 19 Abs. 1 vorgeschriebenen Bestattungs- und Beförderungsunterlagen ausgehändigt worden sind; für Einäscherungen in Krematorien ist zusätzlich eine Bescheinigung über die nach § 20 vorgeschriebene zweite Leichenschau vorzulegen.

(2) Soll ein Fehlgeborenes bestattet werden, ist den für Bestattungen auf öffentlichen Friedhöfen und für Einäscherungen in Krematorien Verantwortlichen eine ärztliche Bescheinigung vorzulegen, aus der sich das Datum und der Umstand der Fehlgeburt sowie Name und Anschrift der Mutter ergeben.

§ 23 – Ausgrabung von Leichen

(1) Bestattete Leichen dürfen nur mit Erlaubnis des Bezirksamtes ausgegraben werden. Die Erlaubnis kann unter Bedingungen, die dem Schutz der Gesundheit dienen, erteilt werden.

(2) Absatz 1 gilt nicht, wenn ein Gericht eine Leichenschau oder eine Leichenöffnung angeordnet oder die Polizei sie zur Untersuchung eines Unfalles (§ 1559 der Reichsversicherungsordnung) veranlasst hat.

FÜNFTER ABSCHNITT – SCHLUSSVORSCHRIFTEN

§ 24 – Ordnungswidrigkeiten

(1) Ordnungswidrig handelt, wer vorsätzlich oder fahrlässig

1. als Ärztin oder Arzt
   a. die Leichenschau entgegen § 3 Abs. 2 nicht oder entgegen § 6 Abs. 1 nicht rechtzeitig vornimmt,
   b. eine vorläufige Todesbescheinigung entgegen § 3 Abs. 3 nicht oder nicht unverzüglich ausstellt,
   c. eine Leichenschau entgegen § 3 Abs. 4 durchführt,
   d. den Leichenschauschein entgegen § 6 Abs. 1 unvollständig, unrichtig oder nicht unverzüglich ausstellt,
   e. die Polizei entgegen § 6 Abs. 2 nicht oder nicht unverzüglich benachrichtigt,
2. als Ärztin oder Arzt, Zahnärztin oder Zahnarzt oder Heilpraktikerin oder Heilpraktiker Auskünfte nach § 7 unrichtig erteilt,
3. als eine ein Bestattungsunternehmen betreibende Person
   a. eine Leiche nicht innerhalb der Frist des § 9 Abs. 1 in eine Leichenhalle überführt, obwohl er die Bestattung übernommen hat,
   b. eine Leiche entgegen § 10 nicht in einem Sarg oder entgegen § 12 nicht in einem Leichenwagen befördert,

      c. entgegen § 20 Abs. 2 eine Leiche ohne vorangegangene zweite Leichenschau zum Zweck der Einäscherung aus Berlin verbringt,

4. in grober Weise gegen das Gebot des § 2 verstößt,

5. die Leichenschau entgegen § 4 nicht oder nicht rechtzeitig veranlasst,

6. eine Leiche entgegen § 9 in einer nicht als geeignet anerkannten Leichenhalle aufbewahrt,

      a. entgegen § 10a rituelle Waschungen in einem nicht als geeignet anerkannten Raum oder ohne Einhaltung geeigneter hygienischer Schutzmaßnahmen durchführt,

7. eine Leiche entgegen den Anforderungen des § 11 transportiert,

8. eine Leiche entgegen § 15 Abs. 1 und 2 der Bestattung entzieht oder eine Leiche bestattet, ohne dass die Voraussetzungen des § 19 Abs. 1 vorliegen,

      a. als Leitung einer Einrichtung entgegen § 15 Abs. 2 Satz 3 nicht sicherstellt, dass die Angehörigen auf die Bestattungsmöglichkeit für Totgeborene mit einem Gewicht von unter 1 000 Gramm, Fehlgeborene sowie Embryonen und Föten aus Schwangerschaftsabbrüchen hingewiesen werden,

9. entgegen § 15 Abs. 3 Totgeborene mit einem Gewicht unter 1 000 Gramm, Fehlgeborene sowie Embryonen und Föten aus Schwangerschaftsabbrüchen oder Körperteile nicht hygienisch einwandfrei und dem sittlichen Empfinden entsprechend beseitigt,

10. als bestattungspflichtige Person entgegen § 16 Abs. 1 und 2 nicht für die Bestattung sorgt, es sei denn, dass eine andere bestattungspflichtige Person oder eine dritte Person für die Bestattung sorgt,

11. entgegen § 18 außerhalb öffentlicher Friedhöfe eine Leiche bestattet oder Asche Verstorbener beisetzt oder eine Leiche außerhalb eines Krematoriums einäschert,

12. entgegen § 20 Abs. 1 eine Einäscherung ohne vorangegangene zweite Leichenschau durchführt oder durchführen lässt,

13. eine bestattete Leiche ohne die nach § 23 vorgeschriebene Erlaubnis ausgräbt oder den Bedingungen, unter denen die Erlaubnis erteilt wurde, zuwiderhandelt.

(2) Ordnungswidrig handelt auch, wer vorsätzlich oder fahrlässig einer auf Grund des § 25 erlassenen Rechtsverordnung zuwiderhandelt, soweit die Rechtsverordnung für einen bestimmten Tatbestand auf diese Bußgeldvorschrift verweist.

(3) Die Ordnungswidrigkeit kann mit einer Geldbuße bis zu 10 000 Euro geahndet werden.

(4) Verwaltungsbehörde im Sinne des § 36 Abs. 1 Nr. 1 des Gesetzes über Ordnungswidrigkeiten ist im Falle des Absatzes 1 Nr. 1 Buchstabe e die Polizei Berlin, in allen übrigen Fällen des Absatzes 1 das Bezirksamt.

§ 25 – Rechtsverordnungen

(1) Der Senat kann zur Durchführung dieses Gesetzes Rechtsverordnungen erlassen über

1. die Durchführung der Leichenschau, den Inhalt, die Ausstellung und die Verwendung des Leichenschauscheins, der vorläufigen Todesbescheinigung, des Bestattungsscheins und des Leichenpasses,

2. die Behandlung und die Beförderung von Leichen, insbesondere über die zu treffenden Schutzmaßnahmen und die Beschaffenheit der Särge,

3. die an Leichenhallen zu stellenden Anforderungen und ihre Überwachung,

4. die Aufbewahrung und den Versand von Aschen verstorbener Personen.

(2) Der Senat kann durch Rechtsverordnung aus Gründen der öffentlichen Sicherheit oder Ordnung

1. Ausnahmen von den Vorschriften des § 10 Satz 1 und des § 12 zulassen,
2. anordnen, dass die Feuerbestattung auch ohne die besonderen Voraussetzungen des § 20 stattfinden darf.

(3) Die Geltungsdauer einer Rechtsverordnung nach Absatz 2 ist zu befristen; die Frist darf drei Monate nicht überschreiten.

§ 26 – Verwaltungsvorschriften

Die zur Ausführung dieses Gesetzes erforderlichen Verwaltungsvorschriften erlässt die für das Bestattungswesen zuständige Senatsverwaltung.

§ 27 – (Änderungsanweisungen)

(Änderungsanweisungen zum Gesetz über die Friedhöfe Berlins)

§ 28 – Inkrafttreten

(1) Dieses Gesetz tritt mit Ausnahme der §§ 25 und 26 neun Monate nach der Verkündung im Gesetz- und Verordnungsblatt für Berlin in Kraft; die §§ 25 und 26 treten am Tage nach der Verkündung in Kraft.

(2) Gleichzeitig treten außer Kraft:

1. das Gesetz über die Feuerbestattung vom 15. Mai 1934 (RGBl. I S. 380),

2. die Verordnung zur Durchführung des Feuerbestattungsgesetzes vom 10. August 1938 (RGBl. I S. 1000), geändert durch Verordnung vom 24. April 1942 (RGBl. I S. 242),

3. die Polizeiverordnung über das Leichenwesen vom 18. April 1933 (GVBl. Sb. I 2129-1).

PERSÖNLICHE NOTIZEN